AF337851

N° 316.

RÉPUBLIQUE FRANÇAISE.

Liberté, Egalité, Fraternité.

Assemblée Nationale.

PROPOSITION

Relative aux reboisements,

PRÉSENTÉE LE 11 AOUT 1848,

PAR LE CITOYEN DUFOURNEL.

(ENVOYÉE AU COMITÉ DES TRAVAILLEURS.)

PROJET DE DÉCRET.

TITRE PREMIER. — *Des reboisements.*

Article premier.

A partir de la promulgation du présent décret jusqu'au 1ᵉʳ avril 1849, il sera créé, sur les terrains incultes des particuliers, ou de l'État, des établissements publics et des communes, un million d'hectares de forêts nouvelles.

Art. 2.

Tout citoyen qui aura concouru à cette création, conformément aux dispositions du présent décret, recevra pour chaque hectare de terrain reboisé, la somme de 243 francs, payable en décembre 1854.

Art. 3.

Dans les quinze jours qui suivront la promulgation du présent décret, le Ministre des finances arrêtera et fera publier le cahier des charges imposées aux entrepreneurs de reboisement.

Ce cahier des charges contiendra les conditions de l'entreprise qui ne résulteront point des dispositions du présent décret, et sera suivi d'un tableau indiquant la répartition entre les quatre-vingt-six départements du nombre d'hectares mentionné en l'art. 1er ci-dessus.

Art. 4.

Dans les quinze jours qui suivront, les particuliers qui voudront reboiser des terrains à eux appartenant, en feront la déclaration par écrit à la préfecture du département où sont situés ces terrains, en indiquant la contenance de chaque parcelle dont le plan sera joint.

Art. 5.

Lorsque sur les terrains qui feront l'objet de ces déclarations, se trouveront des plantations ou des broussailles éparses, d'une étendue supérieure à un arc, les déclarations et les plans devront contenir l'indication distincte de ces plantations et des parties vides, et les déclarants ne seront appelés au bénéfice du présent décret qu'en proportion de l'étendue de celles-ci.

Art. 6.

Les déclarations seront inscrites, par ordre de dates, sur un registre spécial coté et paraphé.

Art. 7.

Pendant le mois qui suivra celui de l'inscription, les agents et arpenteurs de l'administration des forêts procéderont sur les lieux, en présence du maire de la commune ou de son fondé de pouvoir, à la vérification des déclarations.

Art. 8.

Les dispositions des articles 48, 49 et le premier paragraphe de l'art 50 du Code forestier, relatives au réarpentage des coupes, sont applicables à la vérification prescrite par l'article précédent.

Art. 9.

Dans le cas où l'annulation du procès-verbal de vérification serait réclamée par l'administration ou le déclarant, le tribunal de première instance nommerait un arpenteur tiers-expert, à l'effet d'opérer de nouveau sur les lieux avec les arpenteurs des parties et de rédiger un nouveau procès-verbal, lequel serait définitif et sans appel.

Art. 10.

Les déclarations ne sortiront leur effet qu'en raison

des contenances reconnues par les procès-verbaux de vérification.

Art. 1.

Dans les quinze jours qui suivront le délai mentionné en l'art. 4 ci-dessus, le Ministre des finances fera dresser un tableau, par ordre de dates, des déclarations de tous les départements.

Un exemplaire de ce tableau sera déposé à la préfecture de chaque département, où les déclarants pourront en prendre connaissance.

Art 12.

Si, dans un département, les déclarations portent sur un nombre d'hectares supérieur au nombre fixé pour ce département en vertu de l'art. 3 ci-dessus, les premières inscrites, jusqu'à concurrence du nombre voulu, donneront seules droit, pour l'année, au bénéfice du présent décret.

Art. 13.

Toutefois, s'il devenait nécessaire d'en admettre un plus grand nombre dans un ou plusieurs départments, pour compenser ce qu'il y aurait en moins dans d'autres, et compléter ainsi la quantité fixée pour toute la France, l'administration serait autorisée à établir cette compensation, en observant, entre les départements appelés à fournir ce supplément, la proportion déterminée en vertu de l'art. 3 ci-dessus, et dans chacun d'eux, l'ordre des inscriptions.

Art. 14.

Si l'ensemble des déclarations porte, au contraire, sur un nombre d'hectares inférieur au nombre total fixé pour toute la France, l'administration devra, autant que possible, compléter ce nombre, département par département, au moyen de la mise en vente, dans le plus bref délai, par lots qui ne pourront dépasser cinq hectares, de terrains incultes appartenant, au domaine public; à défaut, de terrains appartenant aux établissements publics; à défaut, enfin, de terrains appartenant aux communes, à charge par les acquéreurs d'en effectuer le reboisement conformément aux dispositions du présent décret.

Art. 15.

A cet effet, un mois après la promulgation du présent décret, un jury, composé, dans chaque canton, du juge-de-paix président, du conseiller général du canton, d'un agent forestier désigné par le conservateur et de deux agriculteurs désignés par le comice agricole ou la société d'agriculture du canton, de l'arrondissement ou du département, dressera un état estimatif de toutes les terres incultes de l'État, des établissements publics et des communes qu'il jugera plus propres à la production du bois qu'à toute autre production.

Ce jury, suivant qu'il s'agira de terrains appartenant à l'État, à un établissement public ou à une commune, sera assisté du receveur des domaines, d'un administrateur de l'établissement public ou du

maire de la commune, lesquels auront voix délibé
rative.

Art. 16.

La portion de terrains de chaque commune aliénée
en vertu des deux articles précédents, ne pourra
jamais dépasser le dixième de l'étendue totale des
terrains vagues de cette commune, à moins que le
conseil municipal n'ait décidé qu'il en sera aliéné une
portion plus considérable.

Art. 17.

Les dispositions des articles 17, 18, 19, 20 et 23
du Code forestier, relatives aux adjudications des
coupes de bois, seront applicables aux adjudications
faites en vertu de l'article 14.

Art. 18.

Les terrains des établissements publics et des communes seront vendus à charge de rente, sur le pied
de 4 p. 0/0 du prix d'adjudication, avec stipulation
de non-remboursement pendant trente ans, conformément à l'article 530 du Code civil.

Art. 19.

L'administration fera faire les visites qu'elle jugera
nécessaires pour s'assurer que l'exécution des travaux de reboisement est conforme aux dispositions
du présent décret.

Art. 20.

A une époque quelconque, si un adjudicataire né

se conformait pas aux conditions qui lui sont imposées en vertu de la présente loi, il sera déchu de ses droits, et une nouvelle adjudication sera ordonnée à sa folle enchère.

S'il était dérogé aux dites conditions, en ce qui concerne le reboisement d'une propriété particulière, le propriétaire sera pareillement déchu des droits que lui assure l'article 2 du présent décret.

Art. 21.

Si des travaux ont été exécutés sur les terrains à l'égard desquels la déchéance aura été prononcée en vertu du paragraphe 1er de l'article précédent, ces travaux seront estimés de gré à gré, ou à dire d'experts nommés par les tribunaux, et il en sera tenu compte à l'adjudicataire déchu.

Art. 22.

Jusqu'à l'âge de vingt ans, les plantations ou semis effectués en vertu du présent décret, seront confiés à la garde des agents forestiers, et assimilés, sous ce rapport aussi bien qu'en ce qui concerne, à l'égard des étrangers, les poursuites des délits et contraventions et l'application des peines, aux forêts des communes et des établissements publics.

Art. 23.

Pour indemniser le Gouvernement des frais résultant de l'exécution de l'article précédent, il sera perçu annuellement sur les terrains reboisés une somme équivalente à ces frais.

Art. 24.

Les dispositions de l'article 107 du Code relatives aux bois des communes et des établissements publics, seront applicables pendant les vingt premières années aux dites plantations nouvelles, en ce qui concerne les opérations de conservation, les poursuites, perceptions des restitutions et dommages-intérêts, et remboursement, soit des frais d'instances dans lesquelles l'administration succomberait, soit de ceux qui tomberaient en non-valeurs par l'insolvabilité des condamnés.

Art. 25.

A la cinquième année de la plantation, il sera fait une reconnaissance des terrains reboisés.

Si toutes les prescriptions du présent décret ont été observées par les planteurs, il leur en sera donné acte, et cet acte sera le titre en vertu duquel sera délivrée à chacun d'eux la part de subvention qui lui est afférente en vertu de l'article 2 ci-dessus.

Art. 26.

En cas de contestation soulevée par l'application des art. 19 et 21 ci-dessus, les tribunaux décideront.

Art. 27.

A partir de la réception des travaux, les terrains reboisés seront soumis aux dispositions du Code forestier relatives aux bois des particuliers, sauf les modifications introduites par la présente loi.

Art. 28.

Dans aucun cas, les propriétaires de terrains reboisés, en vertu du présent décret, ne pourront y introduire des bestiaux avant la vingtième année, à partir de la réception des travaux, sous les peines prononcées par les art. 199, 200 et 201 du Code forestier.

Art. 29.

Les semis et plantations exécutés, en vertu de la présente loi, seront exempts d'impôts pendant vingt ans.

TITRE II.

Du déboisement de la culture des bois défrichés.

Art. 30.

Dans le mois qui suivra la promulgation du présent décret, le jury mentionné en l'art. 15 ci-dessus, dressera un tableau, par lots de deux hectares chacun, de tous les bois ou portions de bois de l'État, des établissements publics et des communes, qu'il jugera les plus propres à être convertis en terres arables de bonne qualité.

Art. 31.

Dans le mois suivant, le Ministre des finances fera choix sur ces tableaux de deux cent mille lots répartis à son gré entre tous les cantons de la République.

Il fera afficher au chef-lieu de tous les cantons le nombre de lots attribués à chacun d'entre eux.

N° 316.

Art. 31 *bis*.

Si les forêts des établissements publics ou de l'État, qui entreront dans la composition de ces lots, étaient grevées d'affectations quelconques de droits d'usage, de pâturage, pacage et glandée, ou de toutes autres servitudes incompatibles avec le défrichement et la culture du sol, ces affectations, droits ou servitudes seraient préalablement rachetés, à la diligence de l'administration forestière, moyennant une indemnité en argent, réglée de gré à gré, ou, en cas de contestation par les tribunaux, à bref délai.

Le montant de ces indemnités sera couvert au moyen de sommes perçues en vertu des art. 52, 53 et 54 ci-dessus.

Art. 32.

Il sera procédé à l'adjudication et à l'exploitation de la superficie de ces lots, suivant les formes et conditions prescrites par le Code forestier, pour la vente des coupes de bois de l'État, des communes et des établissements publics, et pour les exploitations des coupes affouagères, sauf les modifications résultant du présent décret.

Art. 33.

Dans chaque lot, il sera construit, aux frais et par les soins de l'adjudicataire ou de la commune affouagère, une loge de bûcheron composée de deux pièces, ayant chacune 4 mètres au carré et 2 mètres 50 centimètres de hauteur.

Art. 34.

L'adjudicataire ou l'entrepreneur d'exploitation réserveront autour de chaque loge cinq arbres de deux âges, et dans l'étendue de chaque lot dix arbres fruitiers également de deux âges, s'il y a lieu.

Aucun autre arbre ne sera marqué ni réservé.

Art. 35.

La vidange des coupes sera effectuée au plus tard le 1er juin 1840.

Art. 36.

A cette époque, la loge, en bon état d'entretien, appartiendra à l'Etat, ou à la commune, et à l'établissement public propriétaire du bois.

Art. 37.

Il ne sera mis en vente, pour l'exercice 1848-1849, aucune autre portion de bois de l'Etat, des établissements publics et des communes.

Art. 38.

Suruplusieurs des deux cent mille lots ci-dessus mentionnés font partie d'une forêt ou portion de commune ou d'établissement public, affectés à l'affouage en nature, il sera fait estimation de la quantité de bois que peut produire le coupon d'affouage de l'exercice 1848-1849, dans les conditions ordinaires d'exploitation.

Si le lot ou les lots ci-dessus mentionnés doivent fournir une quantité de bois supérieure à celle qui résultera de cette estimation, tout ce qui dépassera cette quantité, sera vendu sur pied aux enchères publiques.

Si, au contraire, le lot ou les lots susdits doivent fournir une quantité de bois moindre, elle devra être complétée par l'exploitation d'une portion du coupon d'affouage de l'exercice 1848-1849. Le reste de ce coupon ne sera point exploité dans le courant de cet exercice, mais reporté aux exercices suivants.

Art. 39.

Il sera procédé, conformément aux dispositions qui vont suivre, à l'aliénation des deux cent mille lots de bois, exploités en vertu des dispositions précédentes.

Art. 40.

Dans le mois qui suivra le délai prescrit par l'article 31 ci-dessus, le jury, composé conformément à l'art. 15 ci-dessus fixera : 1º le prix du sol de chacun des lots en L'assimilant aux terrains arables de même nature du pays.

2º La dépense annuelle en fumure ou amendements nécessités par les dits terrains pour être tenus en bon état de fertilité, conformément à l'usage des lieux.

Art. 41.

Le tableau de tous ces lots, avec les prix et dépense ci-dessus mentionnés, mis en regard, sera affiché dans toutes les communes du canton.

13

Art. 42.

Dans le mois qui suivra, tout citoyen qui voudra devenir propriétaire, aux conditions du présent décret, d'un des lots sus-mentionnés, devra en faire la déclaration au juge-de-paix du canton où il a sa résidence.

Art. 43.

Cette déclaration devra être accompagnée :

1° D'un certificat du maire de l'une des communes du canton, constatant que le déclarant réside dans la dite commune depuis trois mois au moins ; qu'il est âgé de 30 ans au moins ; qu'il est marié ou veuf, avec enfants ;

2° D'un certificat de moralité ;

3° D'une attestation du juge-de-paix du canton et du maire de la commune où sont domiciliés ses parents, constatant qu'il n'a à attendre de ceux-ci aucune propriété foncière, ni aucune ressource pécuniaire.

Art. 44.

Les déclarations seront inscrites par ordre de date sur un registre spécial coté et paraphé, qui restera au greffe de la justice de paix, où les déclarants pourront en prendre communication.

Art. 45.

Quinze jours après l'expiration du délai fixé par l'article 40 ci-dessus , un jury composé, dans chaque canton , du juge-de-paix président, du membre du conseil général et des maires du canton, révisera les déclarations, les parties entendues, et arrêtera la liste définitive de celles qu'il aura reconnues valables.

Art. 46.

Dans les quinze jours qui suivront, ce jury attribuera en toute propriété à titre perpétuel, à chacun des déclarants, un des lots ci-dessus mentionnés, pourvu de la loge du bûcheron.

Art. 47.

Si dans un canton le nombre des déclarations est supérieur au nombre des lots, la préférence sera accordée aux déclarants ayant la famille la plus nombreuse; à nombre égal d'enfants, au plus âgé, et entre les hommes mariés sans enfants, au plus jeune.

Art. 48.

Si dans un canton, au contraire, le nombre des lots est supérieur au nombre des déclarations, les lots excédants seront attribués, conformément à l'ordre établi par l'article précédent, aux déclarants en surnombre des cantons limitrophes, à défaut aux déclarants en surnombre des cantons les plus voisins, pourvu que leurs déclarations aient été déclarées valables dans ces cantons, conformément aux dispositions de l'art. 45 ci-dessus.

Art. 49.

La cession de chaque lot sera faite moyennant le prix déterminé, en vertu du paragraphe 1er de l'art. 40 ci-dessus.

Ce prix sera converti en rentes 4 p. cent avec sti-

pulation de non-remboursement pendant trente années, conformément à l'article 530 du Code civil.

Art. 50.

L'acte de cession sera visé pour timbre et enregis-
tré gratis.

Art. 51.

A la fin de l'automne de l'année 1850, chaque cessionnaire devra avoir ensemencé la totalité de son
lot. Faute par lui de s'être conformé à cette prescrip-
tion, il sera déchu de ses droits, et le dit lot attribué,
conformément aux dispositions de l'article 48 ci-dessus, aux déclarants qui n'auront pas été pourvus.

Art. 52.

Outre la rente stipulée en l'article 49 ci-dessus,
l'Etat aura droit, à partir de l'année 1851, à une
part des récoltes annuelles dans une proportion et
pendant un temps qui seront déterminés ci-après.

Art. 53.

Cette part sera de la moitié de la récolte, tant que
le jury mentionné en l'article 15 du présent décret,
déclarera que le terrain peut se passer d'engrais et
d'amendement, ou tant que le cessionnaire se dis-
pensera d'en employer.

Elle diminuera successivement ensuite d'année
en année, dans la proportion inverse des dépenses
que le cessionnaire aura faites pour fumer ou amen-
der le terrain, et jusqu'à ce que ces dépenses s'élèvent

au chiffre normal fixé en vertu du 3ᵉ paragraphe de
l'article 40.

Le jury mentionné ci-dessus sera chargé de consta-
ter annuellement ces dépenses et de régler la part que
l'Etat aura à prélever sur les récoltes.

Art. 54.

Cette part sera vendue sur pied par adjudication à
l'enchère publique, suivant les formes et conditions
usitées pour la vente des objets mobiliers appartenant
au domaine de l'Etat.

Art. 54 *bis*.

Le prix de la vente sera affecté au paiement des
indemnités et primes stipulées aux articles 2 et 31 *bis*
du présent décret.

Art. 54 *ter*.

L'impôt principal actuellement perçu sur les sols
forestiers concédés en vertu du présent titre, ne pourra
être augmenté qu'en 1858.

TITRE III. — *Du défrichement et de la culture des terres
vagues.*

Art. 55.

Dans le mois qui suivra la promulgation du présent décret, le jury mentionné à l'article 15 ci-dessus,
dressera un état estimatif et par communes des terrains incultes de l'Etat, des communes et des établissements publics, qu'il jugera les plus propres à être
convertis en terres arables de bonne qualité.

Art. 56.

Ces terrains seront aliénés conformément aux dispositions suivantes, sous la réserve stipulée en l'article 16 ci-dessus relativement aux terrains à reboiser.

Art. 57.

Dans le mois qui suivra le délai fixé par l'article 55 ci-dessus, le jury mentionné en l'article 40, dressera pour chaque commune le tableau des citoyens possédant dans la commune, soit une maison seulement, soit une maison et une ou plusieurs parcelles de terrain dont l'étendue totale n'égale pas deux hectares, et remplissant d'ailleurs les conditions stipulées à l'article 43.

Art. 58.

Dans les quinze jours qui suivront, le jury sus mentionné attribuera en toute propriété, et conformément à l'ordre établi par l'article 47, aux citoyens portés sur le tableau, soit deux hectares de terrain pris sur l'état mentionné en l'article 55, soit la quantité des dits terrains qui sera nécessaire pour compléter au cessionnaire une quantité totale de deux hectares.

Art. 59.

Dans le mois qui suivra, le même jury fixera le prix de chaque parcelle des terrains ainsi attribués, en l'assimilant aux terres arables de même nature du pays.

Art. 60.

La cession de chaque parcelle sera faite moyennant le prix déterminé, en vertu de l'article précédent.

Art. 61.

Les dispositions du deuxième paragraphe de l'article 49 et de l'article 50 sont applicables aux cessions faites en vertu de l'article précédent.

Art. 62.

Si un citoyen renonçait à l'attribution qui lui sera ainsi faite, elle serait dévolue, conformément à l'ordre établi par l'article 47, à l'un des citoyens qui n'aurait pas été appelé au bénéfice du présent décret.

Art. 63.

Si, lorsque le nombre des citoyens portés au tableau d'une commune sera épuisé, il reste sur le territoire de la dite commune des terrains appartenant à l'État ou à un établissement public, ils pourront être attribués à des citoyens de la commune ou des communes les plus voisines qui n'auraient pas été pourvues.

Art. 64.

La cession est faite à la condition, 1° que les terrains ainsi dévolus, seront complètement ensemencés à la fin de l'automne de l'année 1849;

2° Qu'ils né pourront être aliénés à titre de vente

ou d'échange, en tout ou en partie, qu'après la cinquième récolte annuelle.

Art. 65.

A défaut d'exécution des conditions stipulées dans les articles qui précèdent, le cessionnaire sera déchu de ses droits, et la commune rentrera dans la propriété de son lot.